Fun Recipes for Family & Friends

手抜きでも、
大人も子どもも盛り上がる！

いつもの「おうちごはん」が特別になるレシピ

五条まあさっちん

講談社

「おうちでごはん」が、
いちばんのイベントになる！

はじめまして、パーティ料理研究家の五条まあさっちんです。

3度の食事より好きなのは、

みんなでワイワイ盛り上がるホームパーティ！

といっても、豪華メニューが並ぶ気取ったパーティは NO！

忙しい私たちでも手間や時間をかけず、

ラクにできる（そしてお財布にもやさしい）、

でも、食べる人たちは、大人も子どもも

みんな絶対笑顔になれる「おうちごはん会」！

そう、お出かけしたり、お金をかけたりしなくても、

簡単すぎるちょっとしたコツで、

いつもの「おうちごはん」は、

ビッグ・イベントになるんです。

いつものごはんのマンネリを打破して、

「何これ！」「いつもと違う！」という歓声の上がる

おかずと献立のアイディア教えちゃいます！

fun Recipes for
Family & Friends

急に子どものお友だちが遊びに来ることに。
しかも「ごはんも食べて行くって〜」……って、
早く言ってよ！

誕生日パーティやクリスマスパーティ、
今年はもっと盛り上げたい！　「おうちでの
イベントがいちばんだね！」と言わせたい。

「ママのごはん飽きた〜。なんか違うメニューないの？」と
言われた（怒）。目先の変わったごはんで驚かせたいし
喜ばせたいけど、簡単にできるレシピはないの？

気の置けない友人同士で、「たまにはストレス発散の飲み会
でもしよう！　イエーイ！」ということに……なったのはいいけど、
「子どももいるし、外で集まるのもゆっくりできないし、今度は
うちでやる？」と、うっかり言ってしまった！

どこにも行かない休みの日。「いつもと同じ」じゃない
ごはんで、家族を「わあっ！」と言わせたい。
でも疲れてるし、そんなに手はかけられないし……。

「おうちごはん」をラクにおいしく盛り上げる5つのコツ

4品で献立を組み立てる

いつもは「カレーだけ」「スパゲティだけ」でも、もちろんOK！　ただ、「いつもと違う！」というイベント感を出そうと思ったら、「前菜」「サラダ」「炭水化物」「メイン」の4品で献立を組み立ててみましょう。手をかけなくても、難しく考えなくても、それだけでごちそう感が出るので、あら不思議。1品をデザートに置き換えても。

サラダ

メイン

前菜

炭水化物

いつもと違う食材・調味料を使ってみる

2

たとえばサワークリーム。たとえば紫キャベツ。普段は手を伸ばさないけれどスーパーで普通に買える食材や調味料を使ってみると、いつものごはんも途端に新鮮な味やビジュアルに！

缶詰や冷凍食品にも頼る

3

頑張りすぎて、料理する人が疲れてストレスを溜めてしまっては意味ナシ！　すべて手作りにこだわらず、手をかけるところとかけないところにメリハリを。市販品だっていきなりごちそうになる、ほんのちょっとのアイディアを教えます！

前の日からの作り置きも活用

4

4品全部その日に作らなくていいよう、作り置きおかずも活用できるとなおよし。作り置きできるおかずにはマークを付けました。

作り置き
OK!

保存は冷蔵庫で前日から翌日までの3日間が目安です。

作り置き
OK!

［下準備］
一口大に切った鶏肉を保存袋に入れて塩麹をもみこみ、3時間〜半日ほど冷蔵庫で寝かせる。

［下準備］
表記のある工程は、前日に済ませておいても！

参加型アクティビティを用意する

5

完成品をドーン、と出すだけでなく、たまには子どもたちに、料理を完成させることに参加できる「お楽しみアクティビティ」を用意してあげると、盛り上がる！

CONTENTS
もくじ

Part 2
一年中いつでもこわくない！季節のイベントごはん

【この本のきまり】
・野菜類はとくに表記がない場合、洗う、皮をむくなどの作業をすませてからの手順を説明しています。
・小さじ1＝5ml、大さじ1＝15ml、カップ1＝200mlです。
・火加減はとくに表記がない場合、中火で調理してください。加熱時間は目安です。
・電子レンジの調理は、600Wを使用したときの目安です。

＊子どものアクティビティは、手をしっかり洗う、箸を使うなど、衛生面への配慮を各ご家庭でしてください。

Part

1

ファミリーで！
友人同士で！
盛り上がるメニュー

Table 01

キッズ大好きな
メニューだけ晩ごはん

Table 02

キッズほったらかし
ママビール会

Table 03

お誕生会

Table 04

夏休みごはん

Table 05

テレビでスポーツ
観戦ごはん

Table 06

体育会系
男子ごはん

Table 07

料理しない
ワンプレートパーティ

Enjoy

Table テーブル **01** *Kids' party*

キッズ大好きな
メニューだけ晩ごはん

フライドポテト、唐揚げ、焼きそば……。
子どもの好物だけを集めた夢の食卓 ♡
野菜じゃなくフルーツでサラダだって、
たまにはいいよね !?

MENU

01 フライドポテト チリサワーディップ添え

02 赤りんご青りんごサラダ

03 簡単すぎる塩唐揚げ

04 豚肉と高菜の焼きそば

⇨ レシピは P.12 〜

Table
01
Kids'
Party

01 { フライドポテト チリサワーディップ添え }

**1秒でできるディップを添えて。
冷凍ポテトを揚げただけなのに
手を出したら止まらない味に！**

[材料] 4人分
冷凍フライドポテト (市販) ······ 1袋
揚げ油 ······ 適量
サワークリーム ······ 1パック (90㎖)
スイートチリソース ······ 適量

[MEMO]

よく生春巻きにつけるスイートチリソースは、エスニック食材コーナーで。

サワークリームは、マヨネーズより爽やかで、それでいて味にコクが出る。

深めのフライパンに油を入れ中火にかけ、袋の表示通りにフライドポテトを揚げる。

② 色づいてカリッとしたら、取り出し油をきる。

サワークリームにスイートチリソースをのせたディップを用意して添える。

02 ｛ 赤りんご青りんごサラダ ｝

りんごと相性よしなカレー風味としょうがが、意外な味のポイント！
見た目は変わるけれど、もちろん赤りんごだけでも。

[材料] 4人分
赤りんご、青りんご …… 各1/2個
ぶどう (種なし) …… 1/4房
紫玉ねぎ …… 1/4個
ツナ (缶詰) …… 1缶
塩、こしょう …… 各適量

《ドレッシング》
マヨネーズ …… 大さじ3
プレーンヨーグルト …… 大さじ2
カレー粉 …… 小さじ2と1/2
レモン汁 …… 大さじ1/2
はちみつ …… 小さじ1/2
しょうが (すりおろし) …… 小さじ1/2

[MEMO]
ツナ缶は、あればフ
レークでなくソリッド
(固型) タイプがおす
すめ。

ドレッシングの材料を
合わせる。

作り置き
OK!

りんごはいちょう切りに、ぶどうは半割りに、
紫玉ねぎはみじん切りにする。

❶、❷、ツナを和えて、
塩、こしょうで味をと
とのえる。

03 { 簡単すぎる塩唐揚げ }

味つけは塩麹だけ！　なのに、カリッとした衣の中は
しっとりしてて、うまみジュワ〜♡
「いつもの唐揚げと違う！」と喜ばれること請け合い！

[材料] 4人分
鶏もも肉 …… 2枚 (500g)
塩麹 …… 大さじ3
片栗粉 …… 大さじ5
揚げ油 …… 適量

[MEMO]
塩麹を使うことで、これだけで奥
行ある味が決まるだけでなく、酵
素の力でお肉がしっとり柔らかく。

❶

❷

[下準備]
一口大に切った鶏肉を保存袋に入
れて塩麹を揉み込み、3時間〜半
日ほど冷蔵庫で寝かせる。

鶏肉の余分な塩麹を落としてビニ
ール袋に入れ、片栗粉をまぶす。

深めのフライパンに油を入れ中火
にかけ、中温で鶏肉をきつね色に
なるまで揚げて、油をきる。

⓪4 { 豚肉と高菜の焼きそば }

高菜がいい仕事をしてくれて大人も子どもも大好きな味に。
休日のランチなら、この1品だけでもよさそう!?

[材料] 4人分
豚こま切れ肉 …… 300g
高菜の漬物 …… 1パック (200g)
焼きそば麺 …… 3玉
醤油 …… 小さじ1
ごま油 …… 適量

[MEMO]
高菜漬けは、みじ
ん切りになってい
るものが便利。

フライパンに油をひき、豚肉を中
火で炒めて色づいたら、高菜の漬
け物も入れて全体を混ぜる。

焼きそばを加えて❶とからめ、焼
きそばを袋の指示通りに炒める
(水を途中で入れるなど。添付のソ
ースは入れない)。

最後に醤油をたらして全体を混ぜ
てできあがり。

Table テーブル **02** *Moms' Beer Party*

キッズほったらかしママビール会

ママ友に「これどうやって作ったの!?」って言われたら
嬉しいし、あわよくばインスタ映えも狙いたい!
ママたちが簡単おつまみで飲んでトークしている間も、
子どもたちには、とりあえずドン!と
カレーを出しておけば文句なし!

MENU

01 ガーリック枝豆

02 ピータン豆腐

03 鯛の和風カルパッチョ

04 ひき肉カレー

⇨ レシピは P.18 ～

Table
02
*Moms'
Beer Party*

作り置き
OK!

01 { ガーリック枝豆 }

とりあえずのおつまみも、ひと工夫で
「何コレ!」と歓声が上がる味に。

［ 材料 ］ 4人分

冷凍枝豆 …… 1袋 (300g)

オリーブオイル …… 適量

にんにく (みじん切り) …… 1かけ分

アンチョビ …… 2切れ

塩 …… 適量

❶ 冷凍枝豆は流水で戻すなど袋の表示通りに解
凍し、さやから出す。

❷ フライパンに油を熱し、にんにくを中火で炒め、香りが立ってきたら、刻んだアンチョビ、❶を入れて塩をふり、ざっと混ぜ合わせる。

［ MEMO ］

枝豆でも茶豆でも。
もちろん手間が気
にならなければ、
生の枝豆をゆでて
使っても!

アンチョビの塩け
があるので、塩加減
はお好みで調節を。

02 { ピータン豆腐 } ピータンさえ手に入れれば、「まるでお店!?」な味に！
奪い合いになるので山盛り作って！

［ 材料 ］4人分

木綿豆腐（キッチンペーパーでくるんでボウルに入れ、
　　　　皿などの重石をのせて30分ほど水きりする）…… 1丁

香菜 …… 適量

《トッピング》

うずらピータン（1cm角くらいにカット）…… 4〜6個分

ザーサイ（みじん切り）…… 大さじ2

長ねぎ（みじん切り）…… 大さじ3

しょうが（みじん切り）…… 1かけ分

《ドレッシング》　　　　醤油 …… 大さじ1/2
塩 …… 小さじ1/2　　　酢 …… 小さじ1
ごま油 …… 大さじ3　　ラー油（お好みで）…… 適量

［ MEMO ］

ピータンは、成城石井やカルディ、大
手スーパーの輸入食材売り場やネット
で手に入る。これはうずらピータンだ
けれど、普通のピータンだったら2個
で。独特の匂いは殻をむいて30分〜1
時間おいておくと飛ぶので、調理の最
初にむいておきましょう。

［ 下準備 ］

トッピングを準備する。

❶ トッピングの材料を水
きりした豆腐にのせ、
ざっくりと合わせる。

❷ ドレッシングの材料を
合わせておき、❶に上
からまわしかけて混ぜ、
冷蔵庫で1時間ほど冷
やす。

❸ 器に盛り、香菜をちぎってのせる。

03 〔 鯛の和風カルパッチョ 〕

えっ、まさかのしば漬けで!?　びっくりするくらい
簡単なのに女子受けする洒落た味に!

[材料] 4人分

鯛の刺身 (薄切りでないもの) …… 1パック
しば漬け …… 1パック (150gくらい)
芽ねぎや赤芽、マイクロハーブなど (あれば) …… 各適量

[MEMO]

味つけは本当にしば漬けだけ!
なのでたっぷり使いましょう。刺
身に赤じそが相性よしなのと、コ
リコリした歯ごたえで食感に変化
がつきます。

鯛の刺身は1cm角くらいにカット
する。

しば漬けも1cm角くらいにカット
する。

❶❷を和え、冷蔵庫で30分ほど味
をなじませる。刻んだ芽ねぎや赤
芽、マイクロハーブなどをトッピ
ングしてできあがり。

04 { ひき肉カレー }

冷蔵庫の残り野菜一掃メニューで、栄養抜群。
とりあえず、ご飯もナンも用意しておけば、子どもたちも大喜び。

[材料] 6人分

合いびき肉 …… 500g
にんじん、玉ねぎ、セロリ (みじん切り)
　　…… 合わせてカップ2くらい
にんにく、しょうが (みじん切り) …… 各1かけ分
サラダ油 …… 適量
カレー粉 …… 大さじ3
ケチャップ …… 大さじ2
ウスターソース …… 大さじ2

スープ (顆粒コンソメ大さじ1を湯でとく) …… カップ1
塩、こしょう …… 各適量
ご飯 …… 3合分
ナン (市販のものをお好みで) …… 4〜5枚

[MEMO]
野菜は葉もの以外なら、な
す、ピーマンなど、冷蔵庫
にあるもの何でもOK！

鍋に油を入れて中火にかけ、にん
にくとしょうがを炒め、香りが立っ
たら、ひき肉、野菜も加えて炒める。

ひき肉の色が変わったらカレー粉
を加え、スープを流し入れ、弱火
にして煮る。

汁けがなくなったらケチャップ、
ウスターソース、塩、こしょうで
味をととのえて、できあがり。ご
飯やお好みでナンを添える。

Table
02
*Moms'
Beer Party*

持ち帰りもOK！
作り置きできる簡単おかず

「料理した」なんて言えないくらい簡単でごめんなさい！「何か1品持って来て！」と言われたときにも、味よし、ビジュアル偏差値高めで、間違いなく喜ばれるレシピ。

Pre-made recipe #001
帆立のディップ

サワークリーム×ほたてのマッチングが天才的！

作り置き
OK！

［ 材料 ］作りやすい分量
帆立貝柱（水煮缶）…… 1缶
サワークリーム（大）…… 1パック（180㎖）
万能ねぎ（小口切り）…… 大さじ3
塩、こしょう …… 各少々
クラッカー、バゲット …… 各適量

❶

帆立をボウルに入れてほぐし、缶の汁大さじ1、サワークリーム、万能ねぎと混ぜて塩、こしょうで味をととのえる。

❷
冷蔵庫で冷やし、クラッカー、薄く切ったバゲットなどと一緒にいただく。

持ち寄り
スタイル

Pre-made recipe #002
はちみつ漬けのプチトマトマリネ

作り置き
OK！

**カラフルなプチトマトで作るのがポイント。
皮むきがちょっと面倒だけど、
これだけで断然おいしくなる！**

持ち寄り
スタイル

［ 材料 ］作りやすい分量
プチトマト …… 大1パック（20個ほど）
《調味液》
オリーブオイル …… カップ1/4
はちみつ …… 大さじ3
酢 …… 大さじ4
塩、こしょう …… 各少々

❶

ヘタを取ったプチトマトは、つまようじか竹串であらかじめ数ヵ所つついて穴をあけておく。

❷

鍋に湯をわかし、❶のトマトを入れて皮に裂け目が入ったらすぐに引き上げ、冷水に取り、皮をむく。

❸

保存瓶に入れ、上からあらかじめ合わせておいた調味液を注いでできあがり。

可愛いピンクのサラダ

可愛い見た目に、エスニックなドレッシングの
意外性。輸入食材売り場にあるフライドオニオンが
すっごく合うので、ぜひ入れてみて！

作り置き OK!

[材料] 作りやすい分量
紫キャベツ（せん切り）
…… 1/2個
ピンクグレープフルーツ
…… 1〜2個
フライドオニオン
（あれば）…… 適量

《調味液》
ごま油 …… 大さじ4
ナンプラー …… 大さじ1
塩 …… 小さじ1/2
酢 …… 大さじ3
砂糖 …… 大さじ1と1/2

① 調味液を小鍋に入れて沸かし、砂糖が溶けたら火をとめて冷ましておく。

[MEMO]
グレープフルーツの皮の上下を切り落とし、まな板の上でサイドの皮を削ぎ落とす。ナイフをうす皮に入れると、身だけスマートに取り出せます。

② 紫キャベツは小さじ1程度の塩（分量外）をふって揉みこみ、しばらくおいてから絞って水けをきる。

③ ②、グレープフルーツ、フライドオニオンをボウルに入れて、調味液で和える。

持ち寄りスタイル

タラモサラタ

タラモはたらこ＋じゃがいもの略ではなく、
ギリシャ語のタラマ＝魚卵が語源。
ギリシャ語ではサラダでなく、サラタ。

[材料] 作りやすい分量
じゃがいも …… 中2個
たらこ …… 1腹（90gくらい）
塩、こしょう …… 各適量
オリーブオイル …… 適量
レモン汁 …… 大さじ1〜
バゲット …… 適量

持ち寄りスタイル

[MEMO]
レモンはカット前に、まな板の上でゴロゴロさせておくと果汁がたっぷり絞れます◎

① じゃがいもは水から皮ごとゆでて、竹串がすっと入るくらいになったら火をとめ皮をむく。

② ボウルに①を入れ、熱いうちにフォークの背でつぶし、たらこをほぐして入れ、塩、こしょうする。

③

作り置き OK!

オリーブオイルとレモン汁で固さを調節し、バゲットなどを添える。

Table **03** *Birthday Party*

テーブル

お誕生日会

ハレの日だから、コーンスープにハンバーグ、
巻きずし、フルーツポンチと、
子どもの好物てんこ盛りなメニューで！
あとはバースデイケーキさえ用意すればOK。

MENU

01 ふわふわ卵のコーンスープ

02 煮込みハンバーグ

03 簡単すぎる肉海苔巻き

04 フルーツポンチ

⇨ レシピは P.26 〜

Table 03
Birthday Party

01 { ふわふわ卵のコーンスープ }

ポイントは、スープが煮立ってから卵を流し入れること。
そうすることでダマにならず、ふわっふわのかき卵になります。

[材料] 4人分

水 …… 300㎖
中華だし (顆粒) …… 大さじ1
クリームコーン (缶詰) …… 1缶 (400gくらい)

卵 …… 2個
ごま油 …… 適量
万能ねぎ (小口切り) …… 大さじ2

鍋に水を入れて火にかけ、中華だしを入れて溶けたら、クリームコーンを加える。

煮立ったら溶き卵を菜箸に伝わせて細く流し入れ、ふわふわのかき卵にする。

ごま油を数滴たらし、器に盛って万能ねぎをちらす。

02 { 煮込みハンバーグ }

火の通り具合や焼くときの
くずれが気になるハンバーグも、
小さめに作って仕上げに煮込むから、
大ざっぱな調理でも
グレード高めな仕上がり！

[材料] 小24個分

玉ねぎ (みじん切り) ⋯⋯ 1個分
合いびき肉 ⋯⋯ 500g
パン粉 ⋯⋯ 大さじ1
卵 ⋯⋯ 1個
塩、こしょう ⋯⋯ 各少々
ナツメグ ⋯⋯ 適量

ブラウンマッシュルーム (薄切り)
　⋯⋯ 1パック (5〜6個) 分
赤ワイン ⋯⋯ カップ1/2
デミグラスソース (缶詰)
　⋯⋯ 1缶 (300gくらい)
ケチャップ ⋯⋯ 適量
ウスターソース ⋯⋯ 適量
サラダ油 ⋯⋯ 適量

❶

油をひいたフラ
イパンで玉ねぎ
をしんなりする
まで炒めてから
冷ます。

ボウルにひき肉を
入れ、玉ねぎ、パ
ン粉、卵、塩、こ
しょう、ナツメグ
を混ぜてよく練る。

❸

フライパンに油を
ひき、一口大にま
とめた❷のハンバー
グだねを中火で
両面焼いてから、
鍋に移す。

❹

先ほどのフライパ
ンでマッシュルー
ムを炒める。

❺

マッシュルームを❸の鍋に加え、
赤ワインとデミグラスソースを
加え、弱火で15〜20分煮込む。
お好みでケチャップ、ソースで
味をととのえてできあがり。

作り置き
OK!

03 { 簡単すぎる肉海苔巻き }

具は買ってきて時短。焼肉も入って嬉しい！
巻きすを使わず、みんな大好きな太巻きができる！

[材料] 2本分

すし飯 (ご飯にすし酢を混ぜ、冷ま
しておく) …… 2合弱分
焼き海苔 (全型) …… 2枚
カニかまぼこ …… 5本
牛薄切り肉 …… 200g

焼肉のたれ …… 大さじ2
卵焼き (市販) …… 1パック
ナムル (にんじん、ほうれん草な
ど市販) …… 各1パック
ごま油 …… 適量

[下準備]

具の準備をする。フライパン
に油をひき、牛肉を焼肉のた
れと一緒に中火で水分をとば
すように炒め、冷ましておく。
卵焼きは細切りに。

筋が横になるよう
海苔の向きに注意！

①

ラップの上に海苔の光沢のある面を下にして置き、
巻き終わり分を2cmほど残してすし飯を広げる。

②

手前を少しあけて牛肉、カニかまぼこ、卵焼き、ナ
ムルの順に並べていく。手前から具がずれないよう
に、ラップを外しながら巻きあげる。

③

しばらく落ち着かせてから、ラップを巻いたまま濡
らした包丁でカットする (面倒でも1回切るたびに
包丁を濡らしながらカットするとくずれにくい)。

Table
03
Birthday
Party

04 { フルーツポンチ }

テーブルでサイダーをシュワシュワかける
プレゼンテーションで、歓声が上がる!

[材料] 作りやすい分量

いちご …… 1パック
キウイ …… 2個
バナナ …… 1本

黄桃の缶詰 …… 1缶
赤いゼリーの素 (市販) …… 1箱
サイダー …… 1本

固めに作ると
きれいに
切りやすい!

[MEMO]

海外のゼリーの素を使
うと、赤色が鮮やかで
お祝い感が出るので、
見つけたらお試しを!

① ゼリーは、パッケージに表示され
ている1/2量の水で固めに作り、
一口サイズにカット。

② フルーツをカットし、缶詰の桃と
合わせる。

③ フルーツとゼリーを合わせ、食べ
る直前にプレゼンテーションとし
て上からサイダーを注ぐ。

Table ○4 テーブル Summer Vacation

夏休みごはん

子どもがずっと家にいる夏休み。
毎日のごはんの用意は大変だけど、
友だちが遊びに来る、なんていう日には、
スペシャル感あるランチでも
作ってあげちゃう!?

MENU

01 すいかとフェタチーズのサラダ

02 スペアリブ BBQ 風

03 そうめん DE 福笑い

04 すいかじゃないすいかゼリー

⇨ レシピは P.32 〜

Table
04
Summer
Vacation

01 { すいかとフェタチーズのサラダ }

チーズの塩けがすいかに合う、夏にぴったりのサラダ♪　ただ和えるだけなので、できれば、
輸入食材を扱っているお店でフェタチーズとバルサミックグレイズを手に入れて！

［ 材料 ］作りやすい分量
すいか …… 1/6個
フェタチーズ …… くずして大さじ2分
ルッコラ …… 1杷
バルサミックグレイズ
　　…… 大さじ1/2

［ MEMO ］

フェタは、ギリシャ
の塩けの多いチー
ズ。塩けが気になる
場合は、水につけて
塩抜きを。

バルサミックグレイズ
は、バルサミコ酢を濃縮
し、甘みを引き出した調
味料。なかったら普通の
バルサミコ酢でも。

すいかを一口サイズ
にカットして種を取
る。

ざく切りしたルッコ
ラとフェタチーズを
加えて和え、バルサ
ミックグレイズをか
ける。

02 { スペアリブBBQ風 }

フライパンで蒸し焼きしたあとソースを煮詰めて
からめるだけで子どもが大好きなBBQ風に。
ジャムを使った甘めの味が大好評間違いなし!

[材料] 作りやすい分量
豚スペアリブ …… 1kg
塩、こしょう …… 各適量
赤ワイン …… 大さじ1
イタリアンパセリ (あれば) …… 適量

《ソース》
ケチャップ …… カップ1
粒マスタード …… 大さじ1
ブルーベリージャム …… 大さじ4〜5

酢 …… 大さじ3
醤油 …… 少々
にんにく (すりおろし) …… 2かけ分

[MEMO]
ジャムはベリー系がおすすめ。柑橘系が好きならマーマレードでもOK。もちろんはちみつでも♪

❶ 豚肉に塩、こしょうをして、大き
めのフライパンで焼き色をつける。

❷ 赤ワインをふって蓋をして、弱め
の火で20分ほど蒸し焼きにする。

❸ ソースの材料を加えてさらに弱火
にかける。ソースが煮詰まってと
ろっとしたらできあがり。器に盛
り、お好みでちぎったパセリをち
らす。

作り置き
OK!

03 { そうめん DE 福笑い }

具材と麺で好きな顔を作る福笑い。
食べる前に、自分のお皿で好きな顔を作ってもらう
アクティビティで盛り上がろう！

[材料] 4人分

そうめん …… 4束
卵 …… 2個
塩、ごま油 …… 各適量
めんつゆ …… 適量

〈具〉

きゅうり (せん切り) …… 1本分
プチトマト (輪切り) …… 4個分
ゆでたオクラ (小口切り) …… 2本分

ハム (半分にカット／細切りに)
…… それぞれ2枚分

そうめんをゆでて
冷たい水でしめて
からざるにあげる。

溶き卵に塩少々を
加え、油をひいた
フライパンで薄焼
きにし、細切りに
する。

具と❷をそれぞれお皿に盛り付け、めんつゆ
も用意。平らなお皿に自分の麺を取り、具で
自由に顔を作ってからいただきます！

04 { すいかじゃないすいかゼリー }

まるですいか !? なのに
すいかは使ってないゼリー。
デザートに召し上がれ。

[材料] 8切れ分
ライム …… 2個
赤いゼリーの素 (市販) …… 1箱
黒ごま …… 適量

[MEMO]
海外のゼリーの素を使うと赤
色がより鮮やかですいかっぽ
くなるのでおすすめ (p.29参
照)。残ったライムの中身は、
絞って料理に使ったり、冷た
い水に入れたりしてどうぞ。

ライムは縦半分にカットし
て、果肉と皮の間にナイフ
を入れたあとスプーンで中
身をこそげ取り、皮だけに
する。

赤いゼリーの素をパッケー
ジに表示されている1/2量
の水と混ぜ合わせ、❶に注
ぐ。

ごまをあしらうのは、
水につけたようじで

冷蔵庫で冷やし固めたら、
さらに半分にカットし、種に
見立てた黒ごまをあしらう。

Table テーブル 05 Sports Cheering party

テレビでスポーツ観戦ごはん

サッカー、野球、ラグビー……。
テレビの前でみんなで観戦する日は、
ニッポン応援★の気持ちを込めて
紅白を意識したメニューで。

MENU

01 紅白オードブル

02 紅芯大根サラダ

03 揚げない手羽先

04 日の丸ずし

⇨ レシピは P.38 〜

01 { 紅白オードブル }

応援に熱が入ったときのために、手軽につまめるフィンガーフードを
用意しておくと◎ 調理いらずでラクなのもGood！

[材料] 4人分
プチトマト …… 4個
一口モッツァレラ …… 4個
塩、こしょう …… 各適量
バジル …… 4枚
オリーブオイル …… 適量

ゆでえび …… 1パック
クリームチーズ …… 1/2パック(100g)
パセリ (みじん切り) …… カップ1
鴨ロース (市販) …… 1パック
ブラッドオレンジ (なければりんご)
　　…… 1個

[用意するもの]
ピック

[MEMO]

鴨ロースがなけれ
ば、生ハムでもロー
スハムでも！

プチトマトの底を少しだけそぎ、
モッツァレラ、ちぎったバジルと
一緒にピックにさして塩、こしょ
うをふる。お好みでオリーブオイ
ルをかけても。

クリームチーズとパセリを混ぜて
ディップを作り、ゆでえびを添え
る。

鴨ローストとブラッドオレンジを
スライスし、放射状に並べる。

02 { 紅芯大根サラダ }

真ん中が綺麗な色の紅芯大根を使うと、
いつもの大根サラダもハレのビジュアルに大変身！
前日に作り置きしておくほうがおいしくなります。

［ 材料 ］ 4人分

紅芯大根 ‥‥‥ 1/2個
紫玉ねぎ ‥‥‥ 小1/2個
ツナ（缶詰）‥‥‥ 1缶
フレンチドレッシング（市販）‥‥‥ 適量

［ MEMO ］
紅芯大根は赤い見た
目が可愛いだけでな
く、甘みがあって生
食にうってつけ。

スーパーで手に入り
やすいフレンチドレ
ッシングのおすすめ
はフォロ。

❶ 紅芯大根をいちょう切りにする。

❷ 紫玉ねぎを薄切りにする。

❸ ❶、❷と油をきったツナをボウル
に入れ、ドレッシングと混ぜて冷
蔵庫で冷やす。

作り置き
OK!

Table
05
Sports
Cheering
Party

03 { 揚げない手羽先 }

「世界の○ちゃん」の
手羽先甘辛揚げみたいな
一品が、揚げずにできちゃう！
夢中でかぶりついて、
応援しながらの
ビールもついつい進む味。

［材料］ 作りやすい分量

鶏手羽先 …… 800g
塩、こしょう …… 各適量
白ごま (お好みで) …… 適量

《たれ》

はちみつ …… カップ1/2
味噌 …… カップ1/4
にんにく (すりおろしorチューブ) …… 小さじ2

手羽先は塩、こしょうして魚焼きグリルで10分くらい焼き、中まで火を通しておく。

❷ ❶をフライパンに入れ、たれの材料を混ぜてまわしかけ、蓋をして中火にかける。

途中でかき混ぜながら煮詰め、たれがよくからまったらできあがり。お好みでごまをかける。

作り置き
OK!

Table
05
Sports
Cheering
Party

04 { 日の丸ずし }

勝利を祈願して、
国旗を模したおすしで「フレー、フレー！」

[材料] 8個分

すし飯 ⋯⋯ 2合分
明太子 ⋯⋯ 1/2腹（1本）
梅干し ⋯⋯ 2個
大葉 ⋯⋯ 8枚

❶ 大きめの四角い保存容器にラップ
をしいて、すし飯を詰める。

❷ ❶をまな板にひっくり返してのせ、
ラップごと食べやすいサイズに四
角くカットする。

❸ お皿にしいた大葉の上にすし飯だ
けのせ、上に明太子、梅干しなど
を丸くのせて日の丸に見立てる。

体育会系男子ごはん

がっつり感が大事。 お肉はマスト。
栄養チャージも考えなきゃ。
そんな育ち盛り男子が集まる日のメニュー。
こんなにボリュームたっぷりでも、
あっという間に平らげてくれるのが、嬉しい悲鳴!

MENU

01 まぐろユッケ

02 切り干し大根のサラダ

03 焼かないローストビーフ

04 炊飯器で作る簡単カレーピラフ

➡ レシピはP.44 〜

Table
06
Boys' Day

作り置き
OK!

01 { まぐろユッケ }

お肉の代わりにまぐろのお刺身で作るユッケ。
ご飯と一緒にもりもり食べたくなる味！

［ 材料 ］4人分
まぐろ赤身さく …… 200g
長ねぎ …… 1/2本
卵の黄身 …… 1個分
糸唐辛子 (お好みで) …… 適量

《調味料》
コチュジャン …… 大さじ2
醤油 …… 大さじ1
ごま油 …… 大さじ1
にんにく、しょうが (すりおろし
orチューブ) …… 各少々

まぐろは1㎝角に
切り、ねぎはみじ
ん切りに。

❶を調味料と和えて1時間以上冷
蔵庫で冷やしておく。

卵の黄身、お好みで糸唐辛子をト
ッピングしてできあがり。

02 { 切り干し大根のサラダ }

包丁いらずで手早くできて、
意外とボリュームたっぷり。
食いしん坊男子のお腹も満足するサラダ。

[材料] 4人分
切り干し大根 …… 1パック (40g)
帆立貝柱 (水煮缶) …… 1缶
マヨネーズ …… 大さじ1〜2
貝割れ大根 …… 1パック

[MEMO]
サッと戻せて、切る
手間いらずの切り
干し大根は、常備し
ておくと超便利！

切り干し大根はさっと湯通しして
軽く絞る。

❶、水けをきった帆立、マヨネー
ズをボウルで混ぜ合わせて器に盛
り、貝割れ大根をのせる。

03 〔 焼かないローストビーフ 〕

なんとオーブンいらずで
本格的なローストビーフのできあがり!
ばっちりロゼ色に仕上がってジューシー。

[材料] 6人分

牛ももかたまり肉 (たこ糸で巻いてあるものがおすすめ) …… 800g
水 …… カップ5
香味野菜 (にんじん、玉ねぎ、セロリなど残り野菜なんでも) …… 各適量
カレー粉 …… 大さじ4
薬味 (かつおぶし、玉ねぎスライス、貝割れ大根など) …… 各適量
醤油 …… 適量

❶ 鍋に、水、香味野菜とカレー粉を入れて煮立たせ、牛肉を入れる。

❷ 再び煮立ったら10分加熱して火をとめ、そのまま冷ましておく。

❸ ❷が冷めたら取り出してスライスし、薬味をのせて醤油をかけていただく。

作り置き
OK!

講談社 ISBN978-4-06-521817-4 C2077 ¥1400E (0)
書いつもの「おうちごはん」が特別になるレシピ 手抜
名まで、大人も子どもも盛り上がる！
エディトリアルピース
一般実用

書店（帖合）印

注文数

冊

書名・他

著者名・他

著者 五条 まおさっちん

補充注文カード

9784065218174

04 { 炊飯器で○○○○ー・ピラフ }

材料を炊飯器に入れて炊くだけの
ピラフだけれど、ツナやバターのうまみで、
腹ペコ男子だけでなく、
大人も止まらなくなる味！

［作りやすい分量］

米 …… 3合
玉ねぎ（薄切り）…… 1/2個分
ツナ（缶詰）…… 1缶
ホールコーン（缶詰）…… 1缶
顆粒コンソメ …… 大さじ1

カレー粉 …… 大さじ1
酒 …… 大さじ2
バター …… 大さじ1
塩 …… 小さじ1
パセリ（お好みで・刻む）
…… 適量

❶ 米をといで、ざるに1時間以上あげておく。

❷ ❶を炊飯器に入れ、コンソメをお湯500mℓに溶かして冷ましたものを注ぐ。

❸ 玉ねぎと油をきったツナを加え、カレー粉、酒、バターと塩を入れ、ざっとひと混ぜし、炊飯器で炊く。炊き上がったら混ぜ合わせて器に盛り、お好みでパセリをふる。

Table 07 One Plate Party テーブル

料理しない ワンプレートパーティ

たまには、買ってきたものを並べただけの
"料理をしないごはん会"があったっていい！
プレートに並べるポイントさえ押さえれば、
テーブルに出すだけでごちそう感があって、
気分も上がる！
輸入食材店やデリ、コストコや PICARD などを
上手に活用してみましょう。

[材料] すべて適量
シャルキュトリー（ハム、サラミ、パテなど）
フルーツ（ぶどう、いちごなど）／ドライフルーツ（いちじくなど）
チョコレート／チーズ／鴨ロース／
オリーブ／クラッカー

⇨ ポイントは P.50

Bon Appétit

Table
07
One Plate
Party

「作らない食卓」を成功させるポイント

Point 1

味・食感にメリハリをつける

しょっぱいもの←→甘いもの、
サクサク←→まったりなど、対照的な味、
食感を取り混ぜると、ゲストも
食べていて飽きず、ついつい手が伸びる!

しょっぱいもの　　　　　甘いもの　　　　　　サクサク　　　　　まったり

 ⇔

Point 2

カラフルにする

茶色っぽくなりすぎないよう、赤や緑、
黄などの色を取り入れて。
同じような色が隣同士に
ならないように並べるのもコツ。

Point 3

高低差を出す

ところどころにピックをさすと、
食べやすくなるだけでなく
高さが出てぐんと見栄えがアップ。
プレートの中に小さな器も混ぜると、
さらにメリハリが出ます。

2

一年中いつでも
こわくない！
季節のイベントごはん

Table 08
年始ごはん会

Table 09
ひなまつり

Table 10
お花見

Table 11
お月見

Table 12
ハロウィン
パーティ

Table 13
クリスマス
パーティ

Table 08 New Year Party

テーブル

年始ごはん会

親戚で集まる機会が多くなる年始。
おせちには飽きたけれど、
新年のお祝い気分は出したい!
手間いらずの料理ばかりで、
ごちそう感の出る食卓に。

MENU

01 柿とクリームチーズと黒豆の和え物

02 チャイニーズチキンサラダ

03 塩豚ポトフ

04 ロシア風変わり餃子

⇒ レシピは P.54 〜

Table
08
New Year Party

01 { 柿とクリームチーズと黒豆の和え物 }

おせちで余った黒豆も、洒落た前菜に。
干し柿ではなく、生の柿を使ってもおいしい！

[材料] 4人分
干し柿 …… 1個
クリームチーズ (分包タイプ) …… 4個 (100g)
黒豆 (煮豆) …… 60g

❶ 干し柿とクリームチーズは、黒豆のサイズに合わせてダイス状にカット。

> クリームチーズは包丁をちょっと濡らしながら切るのが、刃にくっつかないようにするコツ。

[MEMO]

干し柿がなければ、ドライアプリコットでも。

クリームチーズはKIRIのブロックタイプだと、カットするのも手軽。

❷ 材料すべてを和えて、冷蔵庫で馴染ませる。

02 { チャイニーズチキンサラダ }

甘酸っぱいドレッシングの中華風サラダで年末年始の野菜不足を解消！
本来、揚げワンタンをのせるところを玄米フレークで代用して手軽に。

[材料] 4人分
鶏むね肉 …… 1枚
白菜 …… 1/4個
にんじん …… 1/2本
万能ねぎ …… 適量

玄米フレーク …… 適量
香菜 …… 適量
《ドレッシング》
オレンジジュース
　　…… カップ1/4

砂糖 …… 大さじ4
ごま油 …… 大さじ1
醤油 …… 大さじ1と1/2
酢 …… 大さじ3

[MEMO]

香ばしい玄米フレークは、揚げ
ワンタン代わりにぴったり！
サクサクした食感でさっぱりサ
ラダにアクセント。

❶

鶏肉はゆでて汁ごと冷まし、細くさいておく。

❷

白菜、にんじんを5cm幅に切ってからせん切りに。万
能ねぎを5cm幅に切る。

❸ 鶏肉と白菜を混ぜ合わせて器に盛り、にんじん、万能ねぎをのせる。ドレッシングの
材料を合わせたものをかけて、玄米フレークをちらしてから、ちぎった香菜をのせる。

03 { 塩豚ポトフ }

塩豚にすることで、うまみがアップ！　さらにとんかつ用の肉で
作るから、長時間煮込まなくても柔らかく仕上がる。

[材料] 作りやすい分量

豚とんかつ用ロース肉 …… 4枚（1枚160〜170g）
塩、こしょう …… 各適量
キャベツ（4等分に切る）…… 1/3個分
にんじん（乱切り）…… 中1本分
玉ねぎ（くし形切り）…… 1個分
じゃがいも（半割り）…… 2個分
にんにく …… 1かけ
ベーコン …… 4枚
ローリエ …… 2枚
黒粒こしょう …… 12粒
顆粒コンソメ …… 大さじ1
粒マスタード …… 適量
パセリ（刻む）…… 適量

[MEMO]
ゆずこしょうを
添えるのもおす
すめ。

[下準備]
豚肉は塩、こしょう
をすりこんで、冷蔵
庫で半日おく。

❶

豚肉の塩を洗い流し、水か
ら煮る。煮立ったらいった
ん引き上げて、さっと水洗
いする。このひと手間で澄
んだスープに。

❷

大鍋に❶、半割りにしたに
んにく、ローリエ、粒こし
ょうを入れて、ひたひたの
水とコンソメを入れ、弱火
で途中アクが出たら取りな
がら20〜30分煮る。

❸

じゃがいもを入れて10分、
キャベツ、にんじん、玉ね
ぎ、ベーコンをのせてさら
に20分ほど煮る。粒マスタ
ード、パセリを添えてサー
ブする。

作り置き
OK!

Table
08
New Year
Party

04 { ロシア風変わり餃子 }

餃子の本場、中国では、お正月にみんなで餃子を食べる習慣があるそう。
市販の冷凍餃子を使って、ひと味ちがったソースをかければ、みんな大好きな餃子も新鮮な一皿に！

[材料] 4人分

冷凍餃子 (市販) …… 1パック (20個)
オリーブオイル …… 大さじ1
香菜 …… 適量

《ソース》
クリームチーズ …… 100g
プレーンヨーグルト …… 100g
にんにく (すりおろし) …… 小さじ1
レモン汁 …… 小さじ1
ディル …… 適量

[MEMO]

餃子はぜひ、焼き餃子ではなく水餃子用の
ものを手に入れて、つるんとした食感と爽
やかなソースのマッチングを楽しんで。

① ソースの材料を
混ぜ合わせる。

② 冷凍餃子をパッケージの指示通りゆでて水けをきり、
器に盛り、オリーブオイルをまぶしておく。

③ ちぎった香菜をのせ、ソースを添える。

Table テーブル **09** *Girls' Festival*

ひなまつり

女子だったら、子どもだけじゃなく、
大人だってお祝いしたい桃の節句。
春らしく優しいピンク色に
染まるテーブルに。

MENU

01 えびのチャウダー

02 鮭のアンチョビバター焼き

03 すしケーキ

04 マシュマロフルーツサラダ

⇨ レシピは P.60 〜

作り置きOK!

01 { えびのチャウダー }

えびとベーコンからいいダシが出て、
クリーミーでまろやかな優しいチャウダー。

[材料] 作りやすい分量

ベーコン (2〜3cm幅に切る) …… 3枚分
玉ねぎ (みじん切り) …… 大1個分
にんにく (みじん切り) …… 1かけ分
大正えび …… 12尾
にんじん (さいの目切り) …… 1本分
じゃがいも (1cm角に切る) …… 2個分

塩、こしょう …… 各適量
顆粒コンソメ …… 大さじ1
水 …… カップ3
クリームコーン (缶詰) …… 1缶
生クリーム …… 1パック (200mℓ)

[下準備]

えびは殻をむいて背わた
を取り、2cm程度の幅に
カットしておく。

❶ 鍋でベーコンを中火で炒め、火が通ったら玉ねぎとにんにくを加え、玉ねぎがしんなりしたら、えびとにんじんを加えて炒める。

❷ じゃがいもも加えて全体に油がまわったら、塩、こしょう、コンソメと水を加えて火にかけ、煮立ったら弱火にし、じゃがいもが柔らかくなるまで15〜20分ほど煮る。

❸ クリームコーンを加えひと煮し、生クリームを入れてできあがり。

02 { 鮭のアンチョビバター焼き } からめるだけのアンチョビバターソースで、鮭のソテーがランクアップ！

［材料］4人分

生鮭フィレ …… 4枚
塩、こしょう …… 各適量
小麦粉 …… 少々
バター …… 大さじ1

白ワイン（または酒）…… 少々
レモン（くし形切り）…… 1個
イタリアンパセリ（刻む）…… 適量

《ソース》
バター …… 大さじ1
にんにく（みじん切り）…… 2かけ分
アンチョビ（刻む）…… 4枚

［下準備］

鮭は両面に塩、こしょうして、軽く小麦粉をはたいておく。

フライパンにバターを熱して鮭をソテーする。両面が色づいたら白ワインをふって蓋をして蒸し焼きにし、火を通す。

いったん❶を皿に取り、フライパンにソースの材料を入れて全体がなじむまで加熱する。

鮭をもう一度フライパンにもどして全体にソースをからめる。皿に盛り、パセリをふって、レモンを添える。

Table
09
Girls' Festival

03 { すしケーキ }

いつものちらしずしから趣向を変えて、彩り豊かな
すしケーキでお祝い！　市販の鮭フレークや桜でんぶ
を使うから、意外とササッとできあがっちゃう！

[材料] 直径23cmのケーキ型1個分
ご飯 …… 4.5合分
桜でんぶ …… 90g
鮭フレーク …… 150g
いくら …… 適量
絹さや（ゆでて細切り）
　…… 4～5枚分
紅白かまぼこ …… 適量

《炒り卵》
卵 …… 5個
砂糖 …… 大さじ4

[用意するもの]
23cmの底が抜けるケーキ型
花びらの抜き型

エンボス加工の調理用手袋をし、ラップをし
いた型に、ご飯の1/3分の量をのせてならす。
飾り用に少量残して、桜でんぶを全面にのせる。

[MEMO]
鮭フレークは、しっと
りした冷蔵タイプのも
のがおすすめ。

[下準備]

炒り卵の材料を溶いて菜
箸4本を使い、ごく弱火
でじっくりと細かい炒り
卵を作っておく。

紅白かまぼこのピンクの
部分をそぎ切りし、花び
ら型で抜いておく。

[MEMO]
型を紙コップに替
えて作ると、ミニ
サイズケーキがで
きあがり、子ども
も喜ぶ！

残ったご飯の半分の量をのせてならし、鮭フレークを全面にのせる。

残りのご飯をのせてならし、平らなお皿に型をひっくり返してのせる。

そっとラップをはがし、炒り卵をのせてスプーンの背でならす。

いくら、絹さや、型で抜いた紅白かまぼこ、桜でんぶを飾り付ける。

⓸ { マシュマロフルーツサラダ }

パステルカラーのマシュマロが、
ひなあられ代わりのデザート。
マシュマロがお口の中で
シュワッと溶けて、
みかんとサワークリームの酸味で、
大人も楽しめる味。

［材料］4人分
みかんの缶詰（黄桃などでもOK）…… 1缶
ミニマシュマロ …… 1袋
サワークリーム …… 180㎖
グラニュー糖 …… 大さじ1

水けをきったみかんの缶詰とマシュマロ、サワークリーム、
グラニュー糖を合わせてできあがり。冷蔵庫で1時間ほど
冷やすとマシュマロの食感がふわっと柔らかに変わるので、
それも楽しんで♪

Table
09
Girls'
Festival

Table **10** *Cherry Blossom Party*

テーブル

お花見

桜が咲いた！となんだかウキウキ気分の
春の日のごはん。もちろん外でのお花見に、
お弁当にして持ち出してもよし。
卒園・卒業、入園・入学をお祝いする
食卓にもぴったり！

MENU

01 デビルドエッグ

02 キャロットラペ

03 鮭バーグ

04 すしドーナツ

➡ レシピは P.66 ～

01 ｛ デビルドエッグ ｝

欧米ではイースター料理の定番だけれど、復活の象徴「卵」の料理は、待ちに待った春の到来をお祝いする気分にぴったり。

［材料］4人分
固ゆで卵 …… 4個
マヨネーズ …… 大さじ2

アルファルファ …… 適量
とびこ …… 適量
チャービル …… 適量

［用意するもの］
絞り出し袋

白身を軽く押すと黄身がムニュッと飛び出してくる！

① ゆで卵は半分にカットして黄身だけを取り出し、ボウルに入れ、マヨネーズを加えフォークでつぶして混ぜる。

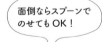

面倒ならスプーンでのせてもOK！

② 白身の穴の部分に、絞り出し袋で①を詰める。

③ アルファルファをお皿にしきつめ、上に②を盛り、とびこ、チャービルをトッピングしてできあがり。

02 { キャロットラペ }

にんじんサラダを
パイナップルとレーズンの甘酸っぱさで
女子向けにアレンジ。

[材料] 4人分
にんじん …… 2本
パイナップル (缶詰) …… 2切れ分
レーズン …… 適量
フレンチドレッシング (市販) …… 大さじ2〜3
パセリ (刻む) …… 大さじ1

スライサーを使えば
あっという間!

にんじんは皮をむ
き、せん切りにする。

❶にパイナップル
とレーズンを加え
て混ぜ、ドレッシン
グと和えてしばら
く冷蔵庫で味をな
じませる。器に盛り、
パセリをのせる。

作り置き
OK!

03 ｛ 鮭バーグ ｝ 一口食べて「何これ！」と歓声が上がるふわっふわ食感の秘密は、はんぺん。軽くていくつでも食べられそうな春色ハンバーグ。

［ 材料 ］ 8個分

生鮭 …… 4切れ
はんぺん …… 1枚
長ねぎ (みじん切り) …… 10㎝分
しょうが (すりおろし) …… 大さじ1

酒 …… 小さじ1
醤油 …… 小さじ1
サラダ油 …… 適量
大葉 (せん切り) …… 3枚分

［ MEMO ］

はんぺんが、つなぎになりつつ、ふんわり食感の立役者に。

鮭は皮と骨を取り、包丁で細かくたたく。

ボウルに❶を入れ、はんぺんをフォークで粗くつぶしながら混ぜる。

ねぎ、しょうが、酒、醤油を加えて混ぜてハンバーグ状にまとめる。

フライパンに油をひいて、❸を中火で両面焼き、酒少々(分量外)を軽くふって蓋をして蒸し焼きする。中まで火が通ったら器に盛り、大葉をのせる。

Table
10
Cherry
Blossom
Party

04 { すしドーナツ }

海外で流行中のハイブリッドフード。
お花見気分にぴったりの華やかな一品に。

[材料] 6個分
すし飯 …… 2合分
スモークサーモン
　　…… 4〜5枚
アボカド (薄くスライス) …… 1個分
ブロッコリースプラウト
　　…… 適量
オクラ (さっと湯通しして小口切り)
　　…… 2本分
マイクロトマト …… 適量
炒りごま …… 適量
エディブルフラワー …… 適量
醤油 …… 適量

[用意するもの]
ドーナツ型

❶
ドーナツ型にすし飯を詰めひっくり返す。

❷
スモークサーモンやアボカド、お好みの他の具ものせる。お好みで醤油をつけて召し上がれ。

Table **11** *Autumn Festival*

テーブル

お月見

澄んだ秋の夜空に浮かぶ
お月さまを愛でる食卓。
一見、和なようでいて、
意外な味つけに会話が弾むはず。

MENU

01 スタッフドマッシュルーム

02 お店風 手ごね鶏つくね

03 そばサラダ

04 黒ごまミルク白玉

⇨ レシピは P.72 〜

01 { スタッフドマッシュルーム }

チーズを詰めて焼くだけの超簡単おつまみなので
決め手はとにかくブルサンチーズを使うこと。
それだけで、びっくりするおいしさ!

[材料] 4人分
大きめのブラウンマッシュルーム …… 1パック (10個くらい)
ブルサンチーズ …… 1/2パック (50g)
パプリカ (粉) …… 適量

[MEMO]
ブルサンチーズのガーリック＆ハーブが、マッシュルームと抜群の相性。
お好みで他のフレーバーを試しても。

指でひねれば、
ポコッと取れる!

❶ マッシュルームの石づきを取る。

❷ ❶にチーズを詰め、魚焼きグリルやトースターで表面に焼き目がつくまで10分ほど焼く。

❸ 器に盛り、あればパプリカをふる。刻んだパセリでもOK。

02 ｛ お店風　手ごね鶏つくね ｝

焼き鳥屋さんみたいな甘辛の鶏つくね。
フライパンでササッと作ってしまおう。

［ 材料 ］ 4人分
《つくね》
鶏ひき肉 …… 300g
長ねぎ（みじん切り）…… 10㎝分
パン粉 …… カップ1/3
卵 …… 1個
しょうが汁 …… 少々
酒 …… 小さじ1
砂糖 …… 小さじ1
醤油 …… 小さじ1

《たれ》
みりん …… 大さじ1
醤油 …… 大さじ2
砂糖 …… 大さじ2

サラダ油 …… 適量
大葉 …… 2枚

つくねの材料をすべてボウルに入れて混ぜ、手でこねる。

ハンバーグ状にまとまったら、小さいお団子にまとめる。

フライパンに油を熱し、❷を中火で表面を焼きつけ、蓋をして弱火
で中まで火を通す。たれの材料を加え、照りが出るまでさっと煮詰
めてできあがり。大葉をしいた器に盛る。

作り置き
OK!

03 { そばサラダ }

ポイントは、なんと言ってもトムヤムペースト。酸味と辛味がツナと
マイルドに絡まって、驚くほどそばにマッチし、やみつきになるおいしさ!

[材料] 4人分

そば (乾麺) …… 2束 (200g)
大葉 …… 10枚
みょうが …… 3個
香菜 …… 1把
ツナ (缶詰) …… 1缶
トムヤムペースト …… 大さじ3

[MEMO]

カルディなど、輸入食材店のタイ料理食材コーナーで売っ
ているトムヤムペースト。DEAN&DELUCAなどで売ってい
るエスニックソース「LOVE パクチー」もおすすめ。どうして
も手に入らない場合は、麺つゆカップ1/4、ごま油小さじ1
を混ぜたドレッシングで代用しても可。でも、まったく違う
味になるので、ぜひトムヤムペーストを見つけてお試しを!

そばは袋の表示通りにゆで、しっ
かりと冷水でしめて水けをきる。

大葉とみょうがはせん切り、香菜
は葉をちぎっておく。

❶とツナ、トムヤムペーストをボ
ウルでよく和えてから器に盛り、
❷をのせ、混ぜ合わせていただく。

04 〔 黒ごまミルク白玉 〕

お月さまに見立てた黄色い白玉が、夜空に浮かんでいるみたいなデザート。ねっとり甘いごまミルクソースが、つるんとした白玉とよく合います。白玉をこねる作業は子どもに任せても盛り上がる！

［ 材料 ］ 12 個分
白玉粉 …… 100g
水 …… 80㎖
食用色素 (黄) …… 3〜4滴
黒練りごま …… 大さじ3
コンデンスミルク …… 大さじ3

［ MEMO ］

 練りごまは、パウチタイプが使いやすい。

 甘さはコンデンスミルク(加糖練乳)で調節を。

 ボウルに白玉粉を入れ、水を少しずつ加えて練り、耳たぶくらいの固さになったら食用色素を加える。

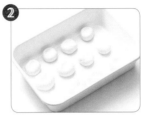 12等分して2㎝くらいの球状にまとめ、中央を少し押さえてくぼませる。

 たっぷりの湯で❷をゆでて、浮き上がってきてからさらに1分程度ゆでて氷水に取って冷ます。

 練りごまとコンデンスミルクを練り合わせて器に盛り、水けをきった❸をのせる。

ハロウィンパーティ

「今年はおうちでハロウィンパーティしよう!」
となったら、ちょっぴりホラーな毒を効かせた演出で。
1品1品は簡単にできるのに、
しっかりおいしいのでご安心を。
子どもが喜ぶアクティビティも用意して、盛り上げよう!

MENU

01 ハロウィンカラーのおつまみ

02 蜘蛛の巣卵

03 かぼちゃのサラダ ハロウィン風

04 目玉のおにぎり&ジャコランタンおにぎり

05 パスタをゆでないラザニア

⇨ レシピは P.78 〜

01 { ハロウィンカラーのおつまみ }

瞬く間に用意できるおつまみを
甘＆辛の2種で。

[材料] 4人分
チェダーチーズ …… 50〜60g
ブラックオリーブ …… 10個
ドライマンゴー …… 10切れ
ドライプルーン …… 7〜8個

[用意するもの]
ピック

 ×

[MEMO]
チーズ×オリーブで、オ
レンジ×ブラックの組み
合わせ。チェダーチーズ
はミモレットでも。

 ×

マンゴー×プルーンで、
オレンジ×ブラックの組
み合わせ。マンゴーはア
プリコットでも。

❶ チーズは包丁を濡らしながら角切りに
する。

❷ チーズはオリーブと、マンゴーは
プルーンと組み合わせて、器に盛
る。ピックを添える。

02 { 蜘蛛の巣卵 }

食用色素の色を濃くし、漬ける時間を長くすると、
蜘蛛の巣模様がくっきりするので、前の日から作っておいても。

[材料] 4個分
ゆで卵 …… 4個
食用色素 (赤と青) …… 各適量

❶ カップ2の水に食用色素の赤2〜
3滴、青5〜6滴を入れる。

❷ 大きめのスプーンで、ゆで卵の殻
にまんべんなくひびを入れる。

❸ ❷を❶に漬けて冷蔵庫に入れ、数
時間漬けてから殻をむく。

作り置き OK!

Table
12
Halloween
Party

03 { かぼちゃのサラダ ハロウィン風 }

甘くてデザート感覚で食べられるサラダ。ヘタしか使わない
パプリカの実は、他の料理に使いましょう。

［材料］ 2個分
かぼちゃ …… 1/4個
クリームチーズ (分包タイプ) …… 1個 (20g弱)
きび砂糖 …… 小さじ2

塩、こしょう …… 各適量
ナツメグ、シナモン (お好みで) …… 各適量
パプリカ (ヘタを使う) …… 2個

［下準備］
パプリカのヘタを取っ
ておく。

❶

皮をむき3cm角に切った
かぼちゃはふんわりラッ
プをかけて電子レンジで
8〜9分加熱。柔らかく
なったら、フォークで粗
くつぶす。

❷

クリームチーズ、きび砂
糖を加えて混ぜる。

❸

好みでナツメグやシナモ
ンなどのスパイスを加え
て混ぜてから2等分して
ラップで丸め、輪ゴム3
本をバランスよく巻いて
ミゾをつける。

❹
ラップをはがして
パプリカのヘタを
つける。

Table
12
Halloween
Party

作り置き
OK!

⑭ { 目玉のおにぎり&ジャコランタンおにぎり }

パクッと食べようとしてギョッ！
大葉の縁のギザギザが、
ジャコランタンの口になってくれます。

[材料] 8個分
ご飯 …… 2合分
梅干し …… 2個
海苔 …… 適量

黒ごま …… 適量
生ハム …… 大4枚
大葉 …… 2枚

❶ ご飯は8等分し、ラップに包んで丸く握って冷ましておく。

ごまをあしらうのは、
水につけたつまようじで

眉切りバサミを使う
のがおすすめ

❷

目玉のおにぎりを作る。梅干しを丸い形にそいで❶の半量にのせ、丸くカットした海苔を真ん中にのせ、黒ごまを放射状にあしらう。

❸

ジャコランタンおにぎりを作る。残りの❶を生ハムでくるみ、大葉をハサミで目と口の形にカットしてあしらう。

Table
12
Halloween
Party

⓪5 ｛ パスタをゆでないラザニア ｝

市販の缶詰を使い、パスタもゆでなくていいので、ごちそうラザニアも手間をかけずにできる！
市販トルティーヤで作るゴーストやお墓は、子どもたちと一緒に型抜きやお絵描きを楽しんでも。

［ 材料 ］ 幅15cm×長さ20cmの耐熱皿 1 枚分
ラザニアパスタ …… 6〜8枚
ミートソース (缶詰) …… 1缶
ホワイトソース (缶詰) …… 1缶
カッテージチーズ …… 150g
溶けるチーズ …… 250g
トルティーヤ (市販) …… 1〜2枚

［ 用意するもの ］
ハロウィン用
クッキーの型   フードペン

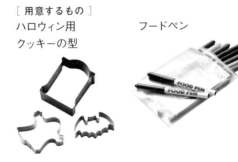

［ MEMO ］
ところどころ違う味があったほうが
味のアクセントがあって美味しいの
で、各ソースはまんべんなく重ねな
くてもOK。

❶

パスタは下ゆで必要なし。そのまま
耐熱皿のサイズに割っておく。耐熱
皿にミートソース、パスタ、ホワイ
トソース、パスタ、カッテージチー
ズ、パスタ、ホワイトソース、パス
タの順で重ねていき、一番上にはミ
ートソースをのせる。

ホイルで蒸し焼きする
ことでパスタに火が通る!

❷

ホイルをぴっちりかけ、トースターで1時間弱、オ
ーブンなら180度で1時間以上焼く。竹串をさして
みて、あまり抵抗なくすっと入ったらパスタに火が
通ったしるし。

❸

溶けるチーズをのせてホイルはかぶせず、トースタ
ーで7〜8分焼き、チーズがこんがりとろけたらで
きあがり。

❹

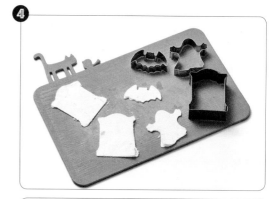

トルティーヤを型抜きし、トースターで3〜
4分、軽く焼き目がつくまで焼く。フードペン
でゴーストの顔など絵を描き、❸にあしらう。

Halloween Activities

おいしいアクティビティで
ハロウィンを楽しもう！

大人たちが飲んでいる間、子どもたちには、
ちょっとホラーな遊びで盛り上がってもらおう！

 Activities #001

魔女の指ソーセージ

ソーセージとプチトマトを用意しておけば、
できあがるのは怖い魔女の指！
ホットドッグにして、いただきま〜す。

[材料]
ソーセージ …… 4本
プチトマト（できれば縦長のもの）…… 2個
ケチャップ …… 適量
ロールパン …… 2個

ソーセージは、端をナイフで1cmほど薄くそぎ（爪になる部分）、
真ん中に2〜3本切り目を入れて（関節部分になる）、ゆでる。

プチトマトはヘタ部分
をカットして1/4の薄
さに切り、種をとって
ソーセージの幅にカッ
トする。

爪部分にケチャップをつけ、トマトをのせる。
お好みでロールパンにはさんでホットドッグに。

Activities #002

ポップコーンハンド

使い捨てのビニール手袋を使って、
みんなでポップコーンを詰めて遊ぼう！
爪部分に使うお菓子は赤やオレンジなど
いろいろアレンジしてみてね。

[材料]
ポップコーン …… 1袋
粒状チョコレート（赤）…… 10粒

[用意するもの]
使い捨ての
調理用ビニール手袋
　　…… 2枚

❶　使い捨て手袋の指先にそ
れぞれ1つずつ赤い粒状チョ
コレートを詰める。
❷　指と手のひら部分に少し
ずつポップコーンを詰める。
❸　全体にポップコーンがい
きわたったら手首の部分を縛
ってできあがり。

Activities #003

マカロンポップス

マカロンに、誰がいちばんセンスよく
お絵描きできるかな？　コンテスト開催！

[材料]
マカロン、
製菓用チョコ …… 各適量

[用意するもの]
フードペン
ポップス用の棒
ポップスをさして乾かすコップ
粒状チョコレート（茶、オレンジ）…… 適量

❶

マカロンにフード
ペンでハロウィン
柄の絵を描く。

❷

ボウルで製菓用チョコを湯煎し
て溶かし、ポップス用の棒の先5
mm程度につけてマカロンにさす。

❸

粒状チョコレートを入れたコッ
プにさして乾かす。チョコが乾く
と棒がグラグラしなくなる。お
好みでリボンなどを結んでも！

Table テーブル **13** Christmas Party

クリスマスパーティ

ツリーや雪だるまに、トナカイ……。
食べるのが惜しくなっちゃうような料理が
並んでクリスマスの夜の会話も弾むはず。

MENU

01 ポテサラ雪だるま

02 ブロッコリーツリー

03 鶏のトマト煮

04 トナカイバーガー&トナカイお稲荷さん

⇒ レシピは P.88～

01 { ポテサラ雪だるま }

スーパーやお総菜屋さんのポテトサラダを買ってくれば、
あっという間に作れる雪だるま。マッシュポテトでも OK！

[材料] 1個分
ポテトサラダ (市販) …… 300g〜400g
にんじん …… 1本
黒粒こしょう …… 12粒
パセリ …… 2枝

[MEMO]
余力のある方は、
イチからポテトサ
ラダを作っても、
もちろんよし。

[用意するもの]
お弁当用カップ（小）

[下準備]
雪だるまの装飾を準備す
る。マフラー：にんじん
をピーラーで薄くそぐ。
鼻：にんじんの先を細く
そぐ。腕：パセリ。目・
口・ボタン：粒こしょう。

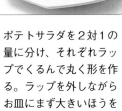

❶
ポテトサラダを２対１の
量に分け、それぞれラッ
プでくるんで丸く形を作
る。ラップを外しながら
お皿にまず大きいほうを
のせ、その上に小さいほ
うをのせる。

❷
マフラーを巻き、目と口
と鼻、ボタンをくっつけ
る。

❸
腕をさし、お弁当用カッ
プなどがあればかぶせて
帽子にする。

02 { ブロッコリーツリー }

ゆでたブロッコリーを積み重ねるだけで、
クリスマス仕様のサラダに！
組み立てるのは意外と簡単だから
子どもと一緒にチャレンジしても。

[材料] 作りやすい分量
ブロッコリー …… 2株
パプリカ (黄) …… 1/6個
プチトマト (できれば小さいもの) …… 7〜8個

《ドレッシング》
マヨネーズ …… カップ1/4
プレーンヨーグルト …… カップ1/4
オリーブオイル …… 大さじ1
にんにく (すりおろしorチューブ) …… 小さじ1
レモン汁 …… 大さじ1
アンチョビ (刻む) …… 2〜3枚

[用意するもの]
星の抜き型
つまようじ

[下準備]
パプリカは星型で抜いて
つまようじをさし、プチ
トマトも半分にカットし
て、ようじをさしておく。

茎はちょっと長めのほうが
組み立てやすい！

❶ ブロッコリーは小さい房
にカットしてゆでて、お
皿に放射状に並べる。

❷ さらに上に放射状に重ね、
少しずつ細くなるようツ
リーの形に組み立ててい
く。

❸ プチトマトをブロッコリ
ーの隙間に差し込む。

❹ トップにパプリカを飾っ
て完成！ ドレッシング
の材料を混ぜて添える。

03 { 鶏のトマト煮 }

クリスマスの定番といえば丸焼きだけれど、煮込むだけの
チキン料理なら調理もサーブもラク。それでいて、ごちそう感はバッチリ！

[材料] 8人分

鶏肉もも肉 ⋯⋯ 4枚 (600〜700g)
オリーブオイル ⋯⋯ 適量
玉ねぎ (粗みじん切り) ⋯⋯ 2個分
セロリ (粗みじん切り) ⋯⋯ カップ1/2
パセリ (刻む) ⋯⋯ 適量

《ソース》

トマト水煮缶 (市販) ⋯⋯ カップ1
レモン汁 ⋯⋯ カップ1/4
ケチャップ ⋯⋯ カップ1
砂糖 ⋯⋯ 大さじ2
ウスターソース ⋯⋯ 大さじ2
酢 ⋯⋯ 大さじ2

❶ 鶏は一口サイズにカット。フライパンに油を熱し、表面を軽く焼き付ける。

❷ 大鍋に油を熱し、玉ねぎ、セロリを炒める。

❸ ❷に鶏肉、ソースの材料を加えて弱火で20〜30分煮込み、お好みでパセリを飾る。

作り置き
OK!

04 { トナカイバーガー&トナカイお稲荷さん }

今やスーパーでも手に入るようになったまい泉のミニバーガーにちょっとひと工夫で、可愛いトナカイさんに。
和風バージョンとして、やはりスーパーで買ってきたお稲荷さんもトナカイにしちゃおう！

[材料] 4人分
まい泉のミニバーガー …… 4個
お稲荷さん (市販) …… 4個
プチトマト …… 8個
ブラックオリーブ (種ぬきスライス)
　　…… 適量
プレッツェル …… 適宜

[MEMO]

 まい泉のミニバーガーは、ヒレかつ、メンチかつなど種類をあれこれ用意すると楽しい！

 プレッツェルは角の形をイメージしながらポキポキ折って。

❶

トマトは下をカットして平らにし、オリーブはいくつか半分にカットし目の形にしておく。プレッツェルは角の形をイメージして割る。

❷

ミニバーガーとお稲荷さんに、プレッツェルの角をさし、オリーブの目やトマトの鼻をのせて完成！

X'mas Activities

聖夜のテーブルを
おいしく飾り付けちゃおう！

コンビニドーナツで作るリースや
本格的なプロフィットロール!? みたいなクリスマスツリー。
みんなで作りながら、つまみ食いが止まらない!?

★★★
13
Table *Christmas Party*

Activities #001

コンビニシューのクリスマスツリー

コンビニで買ってきたミニシューで、
プロフィットロールができる！
テーブルの上に、食べられるクリスマスツリーを作ろう！

［ **材料** ］1個分
ミニシュークリーム …… 1パック（16個）
製菓用チョコ …… 100g
粒状チョコレート（赤）…… ひとつかみ

［ **用意するもの** ］
星形のピック

［ **MEMO** ］
M&M's®など粒状チョコ
の赤だけピックアップし
て。

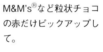

製菓用チョコを湯煎して溶
かしておく。

平らなお皿にミニシューを
6個くっつけて並べる。

溶かしたチョコをところど
ころにたらし、糊がわりにし
てシュー同士をくっつける。

上にシューを4個のせ、同
じようにしてチョコをかけ
る。

残りのシュー3個⇒チョコ
をたらす⇒シュー2個⇒チ
ョコをたらす⇒シュー1個
の順でくっつけていく。

チョコを上からまわしかけ、
乾いてしまう前に粒状チョ
コをトッピング。最後に星
形ピックをさしたら完成！

Activities #002

コンビニドーナツのクリスマスリース

まぁるいドーナツをリースに見立てて、
クリームを絞ったり、
スプリンクルをかけたり。
どのリースがいちばんおいしそうかな？

[材料] 6個分
ミニドーナツ(市販) …… 1袋(6個入り)
クリームチーズ …… 1パック(200g)
バター …… 50g
粉砂糖 …… 200g
食用色素(緑) …… 適量
スプリンクル …… 適量

[用意するもの]
絞り出し袋

[MEMO]
ドーナツであれば、何でも
OK！ スプリンクルはいろ
いろ用意しておくと楽しい！

❶ クリームチーズを電子レ
ンジで30秒加熱し柔らかく
する。バター、粉砂糖と一緒
にボウルで練ってゆるい味噌
くらいの固さにし、食用色素
を加える（バターやクリーム
チーズが固い場合はレンジ弱
で10秒ずつ加熱して扱いや
すい固さに。ちょっとゆるく
なりすぎたら冷蔵庫へ入れる
とまた固くなる）。

❷ ❶を絞り出し袋に入れて
ドーナツの表面に絞る。

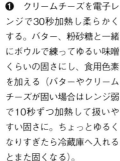

❸ 好きなスプリンクルをか
けて完成！

Activities #003

シリアルツリーのスイートディップ

ツリーを作ったあとは、さくさくシリアルで、
甘〜いディップをすくって召し上がれ。
たまらないおいしさだけど
ハイカロリーなので食べ過ぎに気をつけて！

[材料] 1個分
ピーナッツバター …… カップ1/2
ヌテラ® …… カップ1/4
クリームチーズ …… 大さじ3
四角いチョコ味シリアル …… カップ3
粉砂糖 …… カップ2/3

[用意するもの]
星形のピック

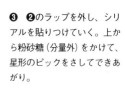

[MEMO]
ヌテラはココア入りヘー
ゼルナッツペースト。ピ
ーナッツバターと組み合わ
せて魅惑のディップに。

❶ ピーナッツバター、ヌテ
ラ、クリームチーズと粉砂糖
をボウルでよく混ぜる。

❷ ❶をラップで包み、円錐
状に成形する。

❸ ❷のラップを外し、シリ
アルを貼りつけていく。上か
ら粉砂糖（分量外）をかけて、
星形のピックをさしてできあ
がり。

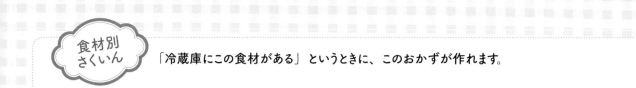

五条まあさっちん

パーティ料理研究家。料理教室「FIVE S CUISINE」主宰。ホームパーティが頻繁に主催される社交的な大家族で幼少期を過ごし、のちにカナダ在住経験も。大学卒業後、「華都飯店」の馬氏に師事し中華料理を、「イレール」にてフランス料理を学び、和食は「近茶流」の本科を修了。双子の息子をインターナショナルプリスクールに通わせたことをきっかけに、国際色豊かでありながら、手をかけずに喜ばれるおもてなし料理に磨きをかける。陽気なキャラクターと、海外の流行も取り入れたアイディアたっぷりの料理で、TV・新聞・雑誌など、メディアで取り上げられること多数。アメブロ総合1位獲得(2018年6月)。著書に『キモめし』(主婦と生活社)。http://fivescuisine.com/

デザイン：加藤京子(Sidekick)、川北薫乃子(Sidekick)
撮影：山本遼
モデル：はる、ゆら

いつもの「おうちごはん」が特別になるレシピ
手抜きでも、大人も子どもも盛り上がる!

2020年12月9日　第1刷発行

著	五条まあさっちん
発行者	鈴木章一
発行所	株式会社講談社
	〒112-8001　東京都文京区音羽2-12-21
販売	☎ 03-5395-3606　　業務 ☎ 03-5395-3615
編集	株式会社講談社エディトリアル
代表	堺 公江
	〒112-0013　東京都文京区音羽1-17-18 護国寺SIAビル6F
	☎ 03-5319-2171
印刷所	大日本印刷株式会社
製本所	大口製本印刷株式会社